Dieter Seidel

KOSMOS SKIATHOS

| Dreisprachige Ausgabe | Τρίγλωσση έκδοση | Trilingual Edition |

„... nur eine Seele, die schön geworden ist, kann das Schöne sehen."

«... μόνο μια ψυχή που έγινε ωραία μπορεί να βλέπει το ωραίο.»

"... only a soul that became beautiful, can recognize the First Beauty."

Plotin (etwa 205-270 n. Chr.), „Enneaden" I, 6, 9 | Πλωτίνος (περίπου 205-270 μ. Χ.), «Εννεάδες» I, 6, 9 | Plotinus (around 205-270 AD) „Enneads" I, 6, 9

1. Auflage 2016 | 1η Έκδοση 2016 | 1st Edition 2016
© 2016 Verlag der | Εκδοτικός οίκος | Published by : Griechenland Zeitung (GZ),
HellasProducts GmbH, Athen | ΕΠΕ, Αθήνα | Ltd, Athens
www.griechenland.net

Fotos und Texte | Φωτογραφίες και κείμενα | Photographs and texts: Dr. Dieter Seidel
Vorwort | Πρόλογος | Preface: Prof. Dr. Hans Eideneier
Übertragung ins Griechische | Μεταφορά στα Ελληνικά | Translated into Greek: Niki Eideneier
Übertragung ins Englische | Μετάφραση στα Αγγλικά | English translation: Harry Papachristou
Layout: Harry Glytsis

ISBN 978-3-99021-013-0

Printed in Greece

ISBN 978-3-99021-013-0

9 783990 210130

Dieter Seidel

KOSMOS SKIATHOS

| Dreisprachige Ausgabe | Τρίγλωσση έκδοση | Trilingual Edition |

Mit einem Vorwort von Hans Eideneier.
Übertragung ins Griechische von Niki Eideneier.
Englisch-Übersetzung von Harry Papachristou.

Με έναν πρόλογο του Hans Eideneier.
Μεταφορά στα ελληνικά της Νίκης Eideneier.
Μετάφραση στα αγγλικά του Χάρη Παπαχρήστου.

With a preface by Hans Eideneier.
Translated into Greek by Niki Eideneier.
English translation by Harry Papachristou.

Vorwort

Das ist ein faszinierendes Buch. Faszinierend sind die Bilder, die Texte eher eine spärliche, zarte Begleitmusik. Die Konzentration des Auges auf das Wesentliche einer Insel der Nördlichen Sporaden, die an Altertümern höchstens die eine oder die andere byzantinische Kirche zu bieten hat. Es ist jene Ruhe und Gelassenheit, die diese Bilder ausströmen, es ist das „Schöne" an sich, Kunstwerke für das sehende Auge jenseits von Tourismus und Lebenskampf. Auffällig die Insel ohne Bewohner. Stören sie vielleicht das Ideal? Die Kamera ist auf dieses Ideal gerichtet, ein Blick von außen in das Innere eines individuellen künstlerischen Schaffens. Ein lohnender Blick, der bereichert und beglückt.

Πρόλογος

Πρόκειται για ένα συναρπαστικό βιβλίο· συναρπαστικές οι εικόνες, περισσότερο μια ελαφριά, τρυφερή, συνοδευτική μουσική τα κείμενα. Το μάτι συγκεντρώνεται στα πιο ουσιώδη ενός νησιού των Βόρειων Σποράδων, που από αρχαία μνημεία έχει να επιδείξει το πολύ τη μια ή την άλλη βυζαντινή εκκλησία. Είναι εκείνη η γαλήνη και η ηρεμία που εκπέμπουν οι φωτογραφίες, είναι το κατεξοχήν «ωραίο», το καλλιτέχνημα για το μάτι που ξέρει να βλέπει, πέρα από την τουριστική κίνηση και τον βιοτικό αγώνα. Το νησί εντυπωσιάζει χωρίς τους κατοίκους του. Μήπως επειδή θα ενοχλούσαν το ιδανικό; Ο φακός έχει επικεντρωθεί στο ιδανικό αυτό, μια ματιά έξωθεν στα εσώτερα μιας ατομικής καλλιτεχνικής δημιουργίας. Μια ματιά που αξίζει, που εμπλουτίζει· νιώθεις ευτυχισμένος.

Preface

This is a fascinating book. Its images make it so – the text is rather like a spare and tender soundtrack. The eye focuses on what's essential about an island of the Northern Sporades, which has nothing to offer in terms of antiquities apart from the odd byzantine church. Quietness and serenity are emanating from the pictures: they are „beauty" itself, an artwork for the knowing eye that goes beyond tourism and the daily grind of life's struggle. The absence of the locals is striking. Would they, perhaps, disturb the sense of ideal the book is trying to convey? The camera is fixed towards that ideal, peering from the outside into the process of individual artistic creation. Its look is rewarding, enriching and blissful.

Hans Eideneier

Einleitung

Es sind stille Bilder in diesem Bildband, die den Betrachter unmittelbar ansprechen. Eine Welt, sehr mediterran, friedlich und schön. Bilder, die einen auf das Wesentliche hinweisen: Schau, wie wunderbar das ist, worin Du lebst. Fülle es mit Deinem Geist und Deiner Freude. Und diese Freude ist es, die man beim Betrachten der Bilder empfindet, die Freude an dem berühmten „Licht der Ägäis", an den intensiven Farben der Natur, den Lichtreflexen auf dem Meer, den Schattenspielen der Sonne in den Gassen, selbst die Nachtbilder strömen noch einen magischen Zauber aus. Bilder, in die man eintauchen und sich versenken kann. Sie regen zur Meditation an, sie sind voll spiritueller Kraft. Blickt man von ihnen auf, muss man sich erst wieder zurechtfinden, den Weg in seine eigene Wirklichkeit zurückfinden. Doch darf man sicher sein, dass man bei dem nächsten Betrachten wieder ihrem Zauber erliegen wird.

Εισαγωγή

Είναι οι σιωπηλές εικόνες στο λεύκωμα αυτό, που απευθύνονται άμεσα σε όποιον τις αντικρίζει. Ένας κόσμος, πολύ μεσογειακός, ειρηνικός και ωραίος. Εικόνες που παραπέμπουν στην ουσία: Κοίτα τί υπέροχος που είναι ο τόπος όπου ζεις! Γέμισέ τον με το πνεύμα σου και τη χαρά σου. Τη χαρά εκείνη που αισθάνεται κανείς, όταν αντικρίζει τις εικόνες, τη χαρά για το περίφημο «φως του Αιγαίου», για τα έντονα χρώματα της φύσης, για τις ανταύγειες του φωτός στη θάλασσα, για τα παιχνιδίσματα των φωτοσκιάσεων του ήλιου στα δρομάκια· ακόμη και οι νυχτερινές εικόνες εκπέμπουν μια γοητευτική σαγήνη. Εικόνες, όπου μέσα τους μπορείς να βουτήξεις και να βυθιστείς. Σε προτρέπουν σε διαλογισμό, είναι γεμάτες πνευματική δύναμη. Μόλις ανασηκώσει κανείς το βλέμμα του από πάνω τους πρέπει πρώτα να επανέλθει, να ξαναβρεί το δρόμο προς την δική του πραγματικότητα. Κι όμως, μπορεί να είναι βέβαιος πως ξανακοιτάζοντάς τες θα υποκύψει και πάλι στη γοητεία τους.

Introduction

The images in this book are still and are engaging their viewer directly. They show a very Mediterranean world, full of beauty and peace. They are pointing towards what's essential. Look how wonderful your world is! Fill it with your spirit and your delight – the delight one feels upon regarding the photographs, the delight of the famous "Aegean light", of the sharp colours of nature, of the light's reflection in the sea, of the sun's shadow play in the alleys. The night shots are no less magically enchanting. You can immerse yourself in these pictures, you can sink down into them. They stimulate meditation, they are full of spiritual power. When you lift your eyes from them, you will have to recompose yourself, to trace your way back to your own reality. But rest assured that the next time you regard them, you will again succumb to their charm.

Kosmos Skiathos

„Skiathos hat etwas schwer zu Gewinnendes sowie auch etwas Entferntes und Schwindendes, dessen man nicht satt wird, und je mehr man sich ihm zu nähern meint, desto mehr entschwindet es, desto mehr empfindet man es als unbegreiflich und unnahbar, wie die Wolken seiner rosenfarbigen Abenddämmerung oder der unendliche Purpur der Morgenröte. Skiathos hat etwas sehr Kleines und gleichzeitig etwas sehr Großes, Schmeichelndes und Samtenes, etwas Festes und Tiefes, Unendliches, etwas Duftendes und Sehnsuchtsvolles, etwas wie von einem Künstler Geschaffenes, das eine Seele besitzt, der nur die Sprache fehlt, um mit dir zu sprechen –, aber es spricht zu dir mit tausend eigenen Sprachen und vor allem mit jener bezaubernden Sprache der milden und unbegreiflichen Schönheit, jener vielschichtigen und klangreichen." [1]

1) Jorgos Valetas: „Papadiamantis. Das Leben – Das Werk – Seine Zeit". Athen,1955, S. 23. Dem erstmals 1980 erschienenen Inselführer „Skiathos" von Rita Harkort verdanke ich den Hinweis auf das obengenannte Zitat, der geduldigen Recherche von Niki Eideneier verdanke ich die Kenntnis der Quelle und die Übersetzung dieses ebenso schönen wie treffenden Zitats. Dankbar bin ich aber vor allem dem Urheber, denn seine Zeilen haben mein Herz berührt.

Κόσμος Σκιάθος

«Η Σκιάθος έχει κάτι το δυσκολοκέρδητο σα μακρινό και φευγάτο, που δεν το χορταίνεις, που όσο το πλησιάζεις τόσο το χάνεις, τόσο το βρίσκεις ατέλειωτο και απλησίαστο, όπως τα σύννεφα, τα ροδισμένα δειλινά ή της αυγής η ατέλειωτη πορφύρα. Η Σκιάθος έχει κάτι το πολύ μικρό, μα και πολύ μεγάλο. Το χαϊδευτικό και βελουδένιο, κρουστό και βαθύ και απέραντο, κάτι το μυρισμένο και νοσταλγικό και σαν από τεχνίτη δουλεμένο, κάτι που ψυχή έχει και μόνο η γλώσσα τού λείπει για να μιλήσει και όμως σου μιλάει με χίλιες δικές του γλώσσες και προπαντός με τη μαγεμένη εκείνη γλώσσα της ήμερης και ασύλληπτης ομορφιάς της, της πολυσύνθετης, της πολύκρουνης.» [1]

1) Γιώργος Βαλέτας: «Παπαδιαμάντης. Η ζωή – Το έργο – Η εποχή του». Αθήνα 1955, σ. 23. Οφείλω την αναφορά στο εδάφιο αυτό στον Ταξιδιωτικό Οδηγό «Σκιάθος» της Rita Harkort, που εκδόθηκε για πρώτη φορά το 1980, και στην επίμονη έρευνα της Νίκης Eideneier για την αναζήτηση του πρωτότυπου, καθώς και την μετάφραση στα γερμανικά αυτού του ωραίου όσο και εύστοχου αποσπάσματος. Αισθάνομαι ωστόσο ευγνωμοσύνη κυρίως στο συγγραφέα, επειδή αυτές οι γραμμές άγγιξαν βαθιά την ψυχή μου.

Cosmos Skiathos

"There's something that's very hard to prise out of Skiathos – something remote and elusive you can't get enough of. The closer you think you are, the more it fades into the distance, the more incomprehensible and unapproachable it feels, like the clouds of its rosy-tinted dusk or the endless purple of dawn. Skiathos is something very small and very big at the same time. Something beguiling and percussing that feels like porphyry, that is vast and deep and scented and nostalgic – like the work of an artisan that has its own soul and would talk to you if it only had a tongue to. But it still manages to speak, through the thousands of tongues and the enchanted language formed by its mild, inconceivable and complex beauty of multiple layers and sounds." [1]

---

1) George Valetas: "Papadiamantis. The Life – The Work – The Time". Athens 1955, p.23. I owe the reference to that quote to the travel guide "Skiathos" by Rita Harkort, first published in 1980, as well as to the persistent search for the original by Niki Eideneier, to whom I also owe the German translation of this beautiful and spot-on text. But my gratitude goes out to the author first. His lines touched my soul.

Hinführung
zu diesem Bildband

Auf drei sehr unterschiedlichen Wegen kann man sich der Insel Skiathos nähern: Mit dem Flugzeug, mit dem Schiff – und mit dem Herzen, was mehr ist, als zu landen oder an Land zu gehen. Für die beiden ersten Wege gibt es viele Vorschläge, auch im Internet. Doch der dritte Weg ist der schwierigste, denn er setzt voraus, dass man sich mit seinem Denken und Fühlen der Insel öffnen will. Wie bei jedem Erfahrungsprozess geschieht das in Stufen der Annäherung. Auf diesem Wege soll dieser Bildband ein Begleiter und eine Orientierung sein – auch mit der durchaus beabsichtigten Möglichkeit, sich auf dieser Reise selbst zu begegnen.

Οδηγός πλοήγησης
σε τούτο το λεύκωμα

Με τρεις διαφορετικούς τρόπους μπορεί να πλησιάσει κανείς τη Σκιάθο. Με το αεροπλάνο, με το καράβι – και με την καρδιά, πράγμα που είναι κάτι παραπάνω από το να προσγειωθείς ή να αγκυροβολήσεις. Για τους δυο πρώτους δρόμους υπάρχουν πολλές προτάσεις, ακόμη και στο διαδίκτυο. Ο τρίτος όμως είναι ο δυσκολότερος. Κι αυτό επειδή προϋποθέτει πως είσαι πρόθυμος να ανοίξεις στο νησί τη σκέψη και την αίσθησή σου. Όπως σε καθεμιά διαδικασία απόκτησης εμπειρίας, αυτό συμβαίνει σε διάφορες φάσεις προσέγγισης. Σε τούτον τον δρόμο φιλοδοξεί το ανά χείρας λεύκωμα να προσφέρει συνοδεία και προσανατολισμό – ακόμη και με στόχο τη δυνατότητα, να συναπαντήσει κανείς στο ταξίδι τον ίδιο του τον εαυτό.

A guide
to this book

You can approach Skiathos in three ways: by plane, by boat – and with your heart. There are many options to arrive in one of the first two ways, the relevant information is available on the internet. The third way, however, is the hardest: it requires you to embrace the island with your mind and with your senses. As with any experience, this can only happen in stages. This book sets out to be your companion and guide in your progress – as well as in the (quite intended) eventuality that you will encounter yourself along the way.

Skiathos – Insel und Stadt

Der Name steht für die Insel als Ganzes, aber auch für ihre Hauptstadt, die Hafenstadt Skiathos. Im Sommer ist Skiathos voll von Besuchern. Schön ist die Insel zu jeder Jahreszeit. Jeder, der die Stadt Skiathos zum ersten Mal erlebt, wird in das Gewirr der Gässchen eingetaucht sein, wird die quirlige Odos Papadiamantis entlanggegangen sein, vielleicht eine der Kirchen betreten haben. Er ist im Ort Skiathos angekommen, der so bezaubernd wie viele andere griechische Inselstädtchen ist. Vielleicht ist er eine Spur touristischer, doch schon eine Seitenstraße von der Odos Papadiamantis entfernt finden sich stille Orte, wo man mit den Bewohnern, aber auch mit den zahlreichen Katzen, Kontakt aufnehmen kann.

Σκιάθος – Νησί και πόλη

Το όνομα ισχύει τόσο για ολόκληρο το νησί όσο και για την πρωτεύουσά του, την πόλη-λιμάνι: Σκιάθος. Το καλοκαίρι η Σκιάθος γεμίζει από επισκέπτες. Όμορφο όμως είναι το νησί όλον τον χρόνο.
Όποιος βιώνει για πρώτη φορά την πόλη, θα βυθιστεί αναγκαστικά στα πολύβουα σοκάκια της, θα περιδιαβεί την ολοζώντανη Οδό Παπαδιαμάντη, ίσως να μπει και σε μια από τις εκκλησιές της. Έχει φτάσει στην πόλη Σκιάθο, που είναι εξίσου γοητευτική όσο και πολλές άλλες ελληνικές νησιώτικες κωμοπόλεις. Ίσως αυτή να είναι κάπως πιο τουριστική, αλλά σε μια μικρή πάροδο, λίγο πιο πέρα από την Οδό Παπαδιαμάντη, βρίσκει κανείς ήσυχα μέρη, όπου μπορεί να έρθει σε επαφή με τους κατοίκους, αλλά και με τις πολυάριθμες γάτες.

Skiathos – Island and town

The name applies to both the island and its capital, the port town of Skiathos. In the summer, both are teeming with visitors. The island, however, is beautiful all year round. Fresh arrivals will probably first lose themselves in the maze of the town's narrow alleys. They will take a stroll in the lively Papadiamantis Street and may even step into a church or two.
They have arrived at Skiathos town, a place as charming as many other small Greek island cities are. This one may be a little more touristy than most others. But go no further than a side-street away, just beyond Papadiamanti Street, and you'll discover quiet places where you can get in touch with the locals and with the town's plentiful cats.

15

| Endlich ankommen ... | Επιτέλους φτάνουμε ... | Finally getting there ... |

Am Hafen sitzen, aufs Meer blicken, ein Bier trinken – mehr muss nicht sein!

Να κάθεσαι στο λιμάνι, ν' ατενίζεις τη θάλασσα, πίνοντας μια μπίρα. Τι άλλο θέλεις!

Sitting by the harbour, gazing at the sea, drinking beer. What else could you ask for!

Manchmal erkennt man sie kaum wieder – frisch gestrichene Häuser, wie in neuen Kleidern …

Μερικές φορές σχεδόν δεν τ' αναγνωρίζεις – φρεσκοασβεστωμένα σπίτια, σα να φορέσανε καινούργια ρούχα …

Sometimes they're barely recognisable – freshly painted houses, as if in new garb …

Warten auf Gäste … | Περιμένοντας ξένους … | Awaiting guests …

Papadiamantis-Museum | Μουσείο Παπαδιαμάντη | Papadiamantis Museum

Ort der letzten Ruhe

Einen völlig anderen Eindruck vermittelt der fast heiter wirkende Friedhof, der sich mitten in der Stadt befindet. Sieht man auf den Grabsteinen die Bilder der Menschen, die in diesen Gräbern zur letzten Ruhe gebettet wurden, empfindet man den zarten Schmerz, mit dem die Lebenden der Fortgegangenen gedenken. Die Gräber machen in ihrer Schlichtheit einen überaus gepflegten Eindruck, der von liebevoller Zuwendung zeugt.

Τόπος έσχατης γαλήνης

Μια εντελώς αλλιώτικη εντύπωση κάνει το νεκροταφείο που φαντάζει σχεδόν εύθυμο, έτσι καθώς βρίσκεται μες στη μέση της πόλης. Βλέποντας πάνω στα μνήματα τις φωτογραφίες των ανθρώπων που βρήκαν εδώ την τελευταία τους κατοικία, διαισθάνεσαι τον τρυφερό πόνο με τον οποίο μνημονεύουν οι ζωντανοί τον απελθόντα. Οι τάφοι με την απλότητά τους μαρτυρούν μιαν ιδιαίτερα στοργική αφοσίωση.

The site of final stillness

The cemetery is located in the middle of the town and that gives it an almost cheerful look. From up close, however, it gives a completely different impression than the streets surrounding it. Photographs of the people who found their final resting place here are fixed to the tombstones. Regarding them, one feels the tender pain by which those alive remember those who are gone. The graves' simplicity are a testament to the affection and dedication of those tending to them.

Nachts in Skiathos

Spät abends, wenn sich die Restaurants geleert haben, ist man mit sich und seinen Gedanken völlig allein in den einsamen leeren Gassen. Dann strahlt das nächtliche Skiathos einen magischen Zauber aus, in den man sich verlieben muss. Man glaubt noch das Lachen der Gäste zu hören, die hier tagsüber ihren griechischen Traum erlebt haben. Aber ihre Stimmen schweben nur noch lautlos durch die menschenleeren Gassen. Einen ganz unvergesslichen Eindruck schenkt die nächtliche Stadt von einem der umgebenden Hügel.

Νύχτα στη Σκιάθο

Αργά το βράδυ, όταν έχουν αδειάσει πια οι ταβέρνες και τα εστιατόρια, βρίσκεσαι τελείως μόνος με τον εαυτό σου και τις σκέψεις σου στα μοναχικά σοκάκια. Τότε η Σκιάθος ακτινοβολεί μια τέτοια μαγική γοητεία, που δεν μπορείς παρά να την ερωτευτείς. Νομίζεις πως έχεις ακόμη στ' αφτιά σου το γέλιο των θαμώνων, που την ημέρα βίωσαν εδώ το ελληνικό τους όνειρο. Μα οι φωνές τους αιωρούνται τώρα πια χωρίς ήχο μέσα στους άδειους δρόμους. Μιαν αξέχαστη εντύπωση σου χαρίζει η νυχτερινή πόλη, αν την αντικρίσεις από ένα λόφο από αυτούς που την περιβάλλουν.

Night on Skiathos

Late at night, when the tavernas are finally empty, you find yourself in a little, lonely alley, perfectly alone with yourself and with your thoughts. Skiathos casts a magic spell at that time and you can't help fall in love with it. Your ears still resonate with the cheers of the taverna's guests, who lived their Greek dream the day before. Their voices are floating above the empty streets without making a sound now. The town makes an unforgettable impression at night if you look at it from one of the hills surrounding it.

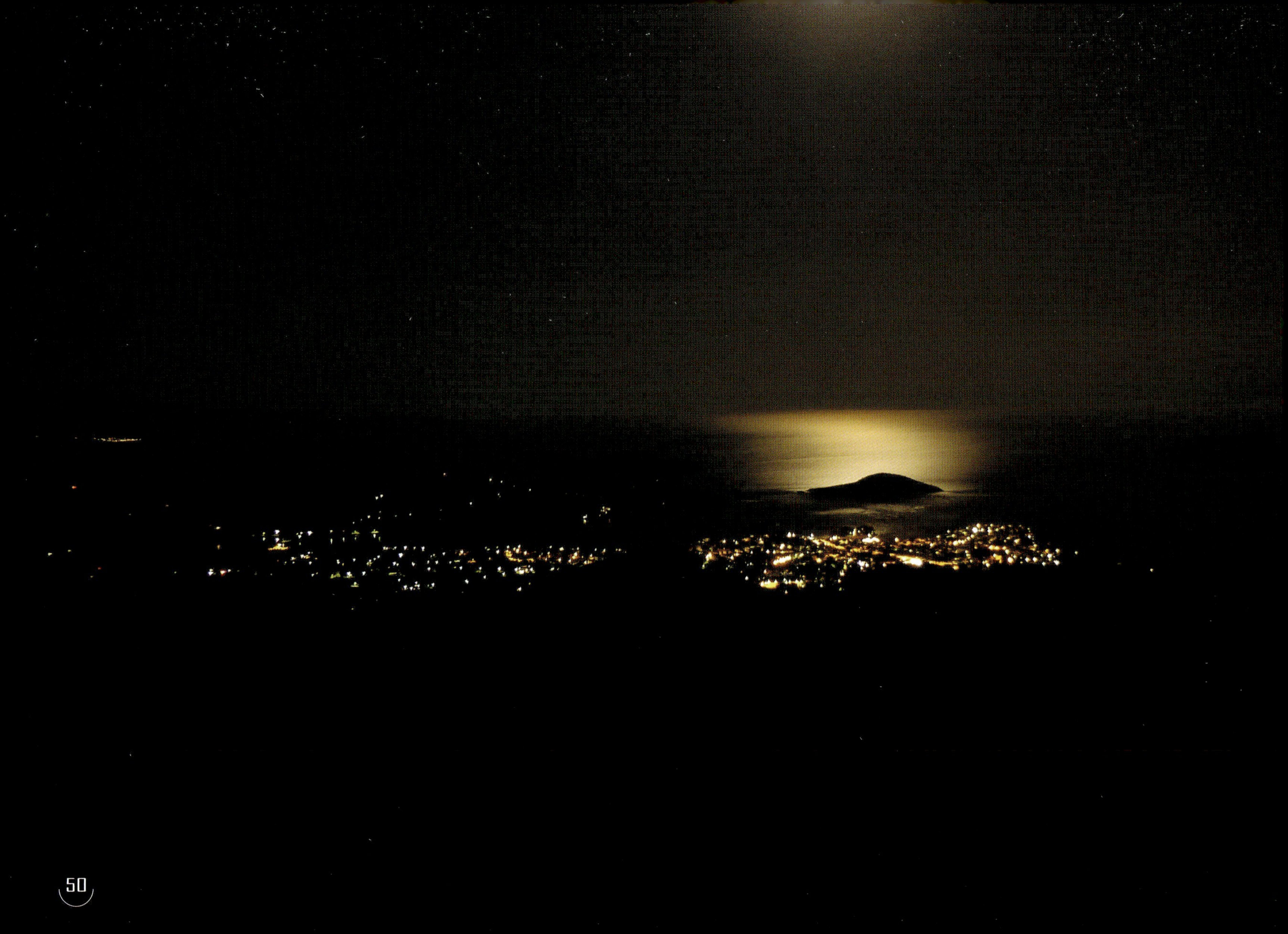

Küsten und Buchten

Skiathos ist eine kleine Insel mit vielen Buchten, die nicht nur zum Baden einladen. Viele Höhenwege lassen diese Buchten in ihrer unbeschreiblichen Schönheit erscheinen. Der Blick tastet sich an den dicht bewachsenen Küstenlinien entlang, die in den verschiedenen Jahreszeiten von Blumenteppichen bedeckt sind. Er verliert sich in den Weiten der Ägäis, schweift zu den Wolken, folgt der Silberspur der Sonnenkringel, mit der uns die Dünung des Meeres beschenkt. Blicke, welche der Seele etwas Schwebendes zurückgeben, das sie in der Hektik des Alltags so leicht verliert.

Ακτές και όρμοι

Η Σκιάθος δεν είναι ένα από τα μεγάλα ελληνικά νησιά, αλλά έχει πολλούς όρμους που δεν αρκούνται στο να σε προσκαλούν για κολύμπι. Αντικρίζοντάς τους από τα μονοπάτια των υψωμάτων αποκαλύπτουν την απερίγραπτη ομορφιά τους. Η ματιά ακολουθεί ψηλαφίζοντας τις πυκνόφυτες γραμμές των ακτών, που στις διάφορες εποχές του χρόνου καλύπτονται από χαλιά αγριολούλουδων. Το βλέμμα χάνεται στις απλωσιές του Αιγαίου, περιπλανιέται ως στα σύννεφα, παρακολουθεί το ασημί ίχνος του δίσκου του ήλιου, που μας χαρίζουν οι κυματισμοί της θάλασσας. Οι ματιές αυτές ξαναδίνουν στην ψυχή εκείνο το κάπως μετέωρο, που μέσα στην πολύβουη καθημερινότητα τόσο εύκολα χάνεται.

Shores and bays

Skiathos is not among the large Greek islands but it has many inviting coves, and not just for swimming. The hill paths above reveal all the bays' indescribable beauty. The gaze follows the lushly vegetated shoreline, covered by a different wildflower carpet each season. It then loses itself in the wide spaces of the Aegean, soars to the clouds and then dips down again to watch the silver trail formed by the sun and the sea's groundswell. Views such as these help the soul hover again in the air – something impossible in the hassle of daily life.

| Mittägliche Stille über dem Meer … | Μεσημεριανή γαλήνη πάνω από τη θάλασσα … | Mid-day calm over the sea … |

| Lieber Tag, guten Morgen … | Αγαπημένη μέρα, καλημέρα … | Good morning, dear day … |

| Lieber Abend, gute Nacht … | Αγαπημένο βράδυ, καληνύχτα … | Good night, dear evening … |

Kaíkis, Fähren und Yachten

Der Hafen von Skiathos ist ein sehr bewegter Ort. Viele Kaíkis versorgen die Insel mit den Früchten des Meeres. Fähren verbinden Skiathos mit dem Festland. Yachten aus aller Herren Länder geben der Insel ein internationales und elegantes Flair. Häfen sind für Menschen geschaffen, die nach dem Unbekannten Ausschau halten. Für Menschen, welche nach Begegnungen suchen – so entsteht Kultur. So ist auch die antike griechische Kultur entstanden, durch den Austausch von Erfahrungen. Diese reisen auf den Schiffen mit uns. Doch nicht nur der Geist will ernährt sein, der Körper verlangt noch drängender danach. Die Fischer wissen das seit Jahrtausenden. Ihre Heimkehr ist daher auch immer willkommen.

Καΐκια, φέριμποτ και κότερα

Το λιμάνι της Σκιάθου είναι ένας τόπος με μεγάλη κινητικότητα. Πολλά καΐκια προμηθεύουν τη Σκιάθο με τα φρούτα της θάλασσας. Τα φέριμποτ την συνδέουν με τη στεριά. Κότερα από όλα τα μέρη του κόσμου προσδίδουν στο νησί μια κοσμοπολίτικη ατμόσφαιρα.
Τα λιμάνια δημιουργήθηκαν για ανθρώπους που ψάχνουν το άγνωστο. Που αναζητούν συναπαντήματα – μ' αυτό τον τρόπο προκύπτει πολιτισμός. Έτσι προέκυψε και ο αρχαίος ελληνικός πολιτισμός, με ανταλλαγές εμπειριών και απόψεων. Και μ' αυτές συνταξιδεύουμε στα καράβια. Αλλά όχι μόνον το πνεύμα χρειάζεται τροφή, το σώμα την αποζητά ακόμη πιο έντονα. Οι ψαράδες το ξέρουν αυτό εδώ και αιώνες. Γι' αυτό αναμένουμε τον γυρισμό τους πάντα με μεγάλη χαρά.

Caïques, ferries and yachts

Skiathos port is a buzzing place. Several kaíkis supply the island with the fruits of the sea. Ferry boats are linking Skiathos to the mainland. Yachts arriving from every corner of the world give the island an international, elegant flair. Ports were made for people in search of the unknown and in pursuit of encounters – that's how civilisation ensues. And that's also how ancient Greek civilisation was born, through the exchange of experiences and world views. These are on board with us every time we travel. But the body cries even louder than the spirit to be nourished. Fishermen have known this for thousands of years. That's why we're always keenly awaiting their return.

Griechen sind Seefahrer … | Οι Έλληνες είναι ναυτικοί … | The Greeks are seamen …

Begegnungen … | Συναπαντήματα … | Encounters … |

Kinderkreischen meint man zu hören, inmitten der Gischt … | Μες στους αφρούς της θάλασσας νομίζεις πως ακους κραυγούλες παιδιών …

Within the froth of the sea, you think you can hear children shout …

Glückliche Heimkehr – nicht nur für die Möwen … | Καλωσήρθατε – κι όχι μόνο στους γλάρους … | Welcome home – not just the seagulls …

| Das Meer, pures Gold … | Η θάλασσα, καθαρό χρυσάφι … | The sea, pure gold … |

| Katzenseelenallein … | Μοναξιά κι ούτε ψυχή γάτας … | As lonesome as a cat's soul … |

Bäume, Wiesen und Blumen

Skiathos ist eine grüne Insel, auch im Sommer. Ihre Hügel sind überzogen von Bäumen und Büschen. Besonders reizvoll sind die alten knorrigen Oliven. Die vielen Blumen verleihen der Insel etwas Heiteres. Denn was wären all die schönen Gässchen, die verlockenden Buchten ohne Bäume und Blumen, ohne ihre Harmonie von Farben und Düften, durch die sie für uns zur Heimat werden. Arm wären wir, ohne sie. Unsere Sinne laben sich an ihnen und ihrer unbegreiflichen Schönheit.

Δέντρα, λιβάδια και λουλούδια

Η Σκιάθος είναι ένα καταπράσινο νησί ακόμη και το καλοκαίρι. Οι λόφοι της καλύπτονται από δέντρα και θάμνους. Τα πιο γοητευτικά είναι τα γηραιά, ροζιασμένα λιόδεντρα. Το πλήθος των λουλουδιών χαρίζει στο νησί μια εύθυμη νότα. Γιατί, τί θα ήταν όλα τα όμορφα σοκάκια, οι δελεαστικοί κόλποι χωρίς δέντρα και λουλούδια, χωρίς αυτήν τη αρμονία χρωμάτων κι αρωμάτων που γίνονται για μας πατρίδα! Θα ήμασταν φτωχοί αν έλειπαν. Η ασύλληπτη ομορφιά τους αναζωογονεί τις αισθήσεις μας.

Trees, meadows and flowers

Skiathos is a green island, even in the summer. Its hills are covered with trees and shrubs. The most attractive ones are the old, gnarled olive trees. Its multitude of flowers gives Skiathos a cheerful character. For what would all the picturesque alleys and attractive bays be worth without trees and flowers, without that harmony of colours and scents that we call home. We would be poor without them. Their inconceivable beauty revives our senses.

Wiesen voller Mohn, wie in Kindertagen … | *Λιβάδια γεμάτα παπαρούνες, όπως στα παιδικά μας χρόνια …*

Meadows full of poppies, as in childhood …

Wie sehr erinnert dieser Baum an so manches Leben … │ Τούτο το δέντρο, πόσο θυμίζει κάποιες ζωές …

That tree, how it's reminding us of quite some lives …

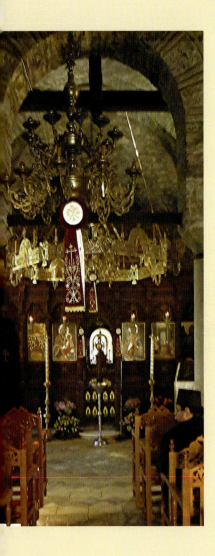

Kirchen und Kapellen

Doch alle Schönheit, auch das Gefühl der Heimat, das sie uns schenkt, verweist auf ein Letztes: Unsere Vergänglichkeit, unsere Sterblichkeit, auf den Tod. Wir sind Vorübergehende, das ist uns in unseren tiefsten und höchsten Augenblicken schmerzlich bewusst. So ist es allen Menschen, die vor uns gelebt haben, ergangen. Und auch die Nachgeborenen werden sich unserer erinnern. Denn dazu sind sie geschaffen worden, die vielen Kirchen und Kapellen, die überall auf dieser Insel erbaut wurden, um uns unserer Endlichkeit zu vergewissern. Lassen wir es zu, treten wir in sie ein, so nehmen wir ihren besonderen mystischen Duft wahr. Sie belohnen uns mit Stille, manchmal sogar mit Frieden mit uns selbst. Skiathos bietet hierzu viel Gelegenheit, denn es ist reich gesegnet mit Kirchen und Kapellen, und nur wenige sind hier zu sehen.

Εκκλησιές και ξωκλήσια

Όλη η ομορφιά, ακόμη και το αίσθημα πατρίδας που αυτή μας χαρίζει, παραπέμπει στο έσχατο: στο εφήμερο της ύπαρξής μας, στη θνησιμότητά μας, στο θάνατο. Είμαστε περαστικοί, κι αυτό μάς είναι οδυνηρά συνειδητό στις πιο βαθιές και στις ύψιστες στιγμές μας. Το ίδιο ισχύει και για όλους τους ανθρώπους που ζήσανε πριν από μας. Αλλά και οι επερχόμενες γενιές θα μας θυμούνται και θα μας συλλογίζονται. Και αυτός είναι ο λόγος που παντού στο νησί έχουν χτιστεί τόσο πολλές εκκλησιές και ξωκλήσια, για να μας βεβαιώνουν πως όλοι είμαστε περαστικοί. Ας το ενστερνιστούμε αυτό, ας μπούμε μέσα στις εκκλησιές για να γευτούμε το μυστικιστικό τους άρωμα. Μας ανταμείβουν με γαλήνη και μερικές φορές μας συμφιλιώνουν με τον ίδιο μας τον εαυτό. Η Σκιάθος προσφέρει πολλές τέτοιες ευκαιρίες, γιατί είναι υπερευλογημένη από εκκλησιές και ξωκλήσια· εδώ βλέπετε μόνο λίγες από αυτές.

Churches and chapels

All the beauty and all the sense of belonging Skiathos endows us with, has a fixed, ultimate point of reference: the ephemeral nature of our existence, our mortality and death. We're just passing and we're painfully aware of that in our deepest and best moments. The people who lived before us felt the same. And the coming generations will remember us. That's why the island is full of churches and chapels – to highlight our finite nature. Let's accept that and step into the churches to get a taste of their mysticism. They're rewarding us with the peace they're projecting and sometimes they even reconcile us to ourselves. Skiathos offers many such opportunities, it is richly blessed with churches and chapels – and the ones you can see here are but a few.

| Kloster Evangelistria | Μοναστήρι της Ευαγγελίστριας | Evangelistria Monastery |

| Hl. Ioannis | Άγιος Ιωάννης | St. Ioannis |

Andächtig still ist es hier … | Κατανυκτική σιωπή βασιλεύει εδώ … | Devout silence reigns here …

| Panagia Kechria | Παναγία η Κεχριά | Panagia Kehria |

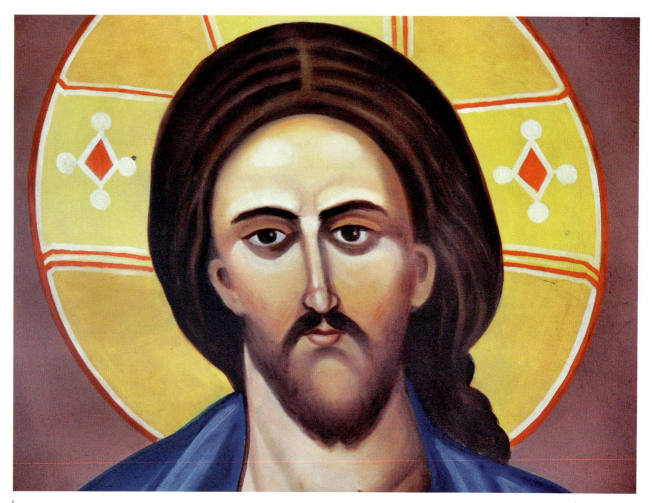

Streng und sorgenvoll blicken die Heiligen uns an, mahnend auch dann, wenn wir ihrer nicht bedürfen …

Αυστηρά και γεμάτοι φροντίδα μάς κοιτάζουν οι Άγιοι, προειδοποιώντας, ακόμη κι όταν δεν τους χρειαζόμαστε …

Sternly and caringly the Saints look upon us, offering warnings even when we don't beseech them …

Wir hoffen stets, wenn wir nach oben blicken, dass es nicht vergebens sei …

Κοιτάζοντας ψηλά ελπίζουμε πάντα πως δεν είναι μάταιο …

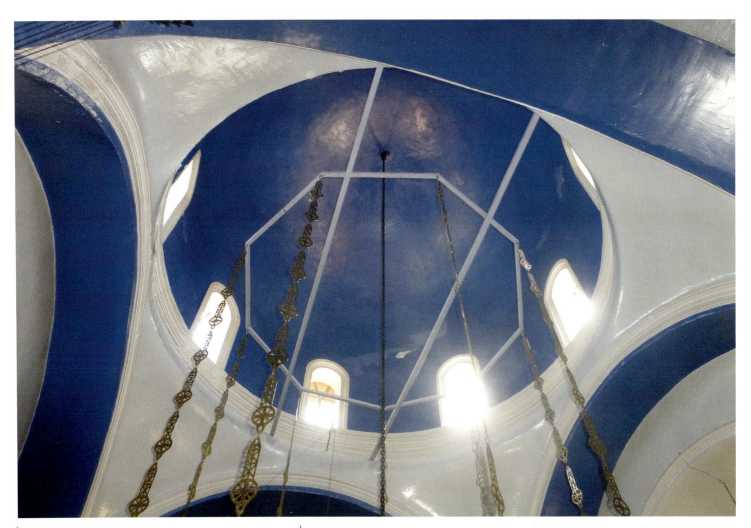

Looking upwards, we always hope it's not in vain …

Liebeserklärung
an Skiathos

Für mich ist Skiathos meine Trauminsel,
mein Kosmos. Nie war ich an einem Ort
so glücklich wie hier. Auch das zeigen, so
hoffe ich, meine Bilder von dieser wunder-
baren Insel.

Mit einem Zitat des Schriftstellers Jor-
gos Valetas – auch er ein Liebhaber von
Skiathos – habe ich diesen Bildband ein-
geleitet, er soll ihn auch abschließen, wenn
er, das Leben und Werk von Alexandros
Papadiamantis vor Augen, über Skiathos
schreibt: „Dort die sehnsuchtsvollen Gestal-
ten, die Träume der ersten Jahre, wenn die
Seele ihre Arme ausbreitet, um die ganze
Welt zu umschließen und um – bevor die
Zeit sie welk macht und matt – von diesem
Gottesgeschenk zu kosten, das sich Leben
nennt." [1]

---

1) Jorgos Valetas: „Papadiamantis. Das Leben – Das
Werk – Seine Zeit". Athen, 1955, S. 13.

Ερωτική εξομολόγηση
στη Σκιάθο

Για μένα η Σκιάθος είναι το νησί των ονεί-
ρων μου, ο κόσμος μου. Ποτέ δεν αισθάν-
θηκα κάπου αλλού τόσο ευτυχισμένος όσο
εδώ. Και οι φωτογραφίες μου από αυτό το
υπέροχο νησί ελπίζω να το μαρτυρούν.
Με ένα παράθεμα του συγγραφέα Γιώργου
Βαλέτα – κι εκείνος θιασώτης της Σκιάθου –
προλόγισα το λεύκωμα αυτό, εκείνος ας
το κλείσει, τη στιγμή που, έχοντας μπρο-
στά στα μάτια του τη ζωή και το έργο του
Αλέξανδρου Παπαδιαμάντη, γράφει για τη
Σκιάθο: «Εκεί οι νοσταλγικές μορφές, τα
όνειρα των πρώτων χρόνων, που ανοίγει την
αγκαλιά της η ψυχή για να χωρέσει τον κό-
σμο, να γευτεί, προτού ο χρόνος τη μαράνει
και τη φθείρει, το δώρο του Θεού που λέγε-
ται ζωή.» [1]

Confession of love
to Skiathos

To me, Skiathos is the island of my
dreams, my world. Nowhere have I felt
as happy as I do here. I hope that my
photographs of this wonderful island at-
test to that feeling.
I opened this book with an excerpt from
the author George Valetas, an enthusi-
ast for Skiathos, like me. So let him also
be the one who closes it. With Papadia-
mantis' life and work in mind, he writes
the following about Skiathos: "Behold
those nostalgic figures, our first years'
dreams, when the soul throws open its
arms to embrace the entire world and –
before time withers it and makes it dull –
to gloat over God's gift called life." [1]

1) Γιώργος Βαλέτας: «Παπαδιαμάντης. Η ζωή – Το έργο – Η εποχή του». Αθήνα, 1955, σ. 13.
1) George Valetas: "Papadiamantis. The Life – The Work – The Time". Athens, 1955, p. 13.

Dank und Widmung

Ein solcher Bildband hat immer eine lange Geschichte. Jedem Bild geht stets das Erstaunen voraus, dass es diesen Augenblick gibt, die Freude, ihn erleben zu dürfen. Doch diese Freude mit anderen Menschen zu teilen, macht sie tiefer.

So danke ich Niki Eideneier und ihrem verehrten Gatten Hans Eideneier dafür, dass ihr wohlwollendes Urteil mich ermunterte, diesen Bildband zu veröffentlichen. Doch nicht allein für ihr Urteil, sondern auch für ihre Bereitschaft, den deutschen Begleittext ins Griechische zu übertragen und für ihre Hilfe, den Zugang zu einem anderen Liebhaber von Skiathos, dem Schriftsteller Jorgos Valetas, zu finden, gebührt ihnen mein tiefster Dank. Harry Papachristou gilt mein besonderer Dank für die Übersetzung der deutschen Texte ins Englische. Den Herren Jan Hübel und Robert Stadler danke ich für die Aufnahme des Bildbandes in das Verlagsprogramm der Griechenland Zeitung. Harry Glytsis bin ich für sein einfallsreiches Layout des Bildbandes zu Dank verpflichtet.

Doch wem, wenn nicht ihr, sollte ich diesen Bildband widmen, meiner über alles geliebten Frau!

Dieter Seidel

Ευχαριστίες και αφιέρωση

Ένα τέτοιο λεύκωμα έχει πάντα πίσω του μια μακριά ιστορία. Σε καθεμιά από τις φωτογραφίες του προϋπάρχει η εκπληκτική διαπίστωση ότι η στιγμή αυτή είναι υπαρκτή, η χαρά ότι την έχεις βιώσει. Αλλά το να έχεις μοιραστεί τούτη τη χαρά και με άλλους ανθρώπους την κάνει ακόμη πιο βαθιά.

Γι' αυτό ευχαριστώ την Νίκη Eideneier καθώς και τον άντρα της, καθηγητή Hans Eideneier, για το ότι με την ευμενή τους κρίση με ενθάρρυναν να δημοσιεύσω το λεύκωμα αυτό. Αλλά όχι μόνο για την κρίση τους, μα και για την προθυμία τους να μεταφέρουν τα γερμανικά συνοδευτικά κείμενα στα ελληνικά και τη βοήθεια τους να βρεθεί προσέγγιση στο έργο ενός άλλου θιασώτη της Σκιάθου, του συγγραφέα Γιώργου Βαλέτα, τούς οφείλω τις πιο θερμές μου ευχαριστίες. Ιδιαιτέρως ευχαριστώ τον Χάρη Παπαχρήστου, για την μετάφραση των γερμανικών κειμένων στα αγγλικά. Επίσης θέλω να ευχαριστήσω τους Jan Hübel και Robert Stadler, που συμπεριέλαβαν το βιβλίο μου στις εκδόσεις της Griechenland Zeitung. Τέλος ευχαριστώ τον Χάρη Γλύτση για την ευφάνταστη σελιδοποίησή του.

Σε ποιον άλλον να αφιέρωνα το λεύκωμα αυτό αν όχι στην πολυαγαπημένη μου γυναίκα!

Dieter Seidel

Thanks and dedication

There is a long story behind this collection of photographs. Each picture is born from astonishment at the beauty of a moment, from the joy of having the privilege to experience it. And yet, this joy is is even more profound when shared with others.

Therefore I wish to thank Niki Eideneier and her husband Hans Eideneier for so kindly encouraging me to publish this book. I am grateful not only for their generous support, but also because they agreed to translate the accompanying German text into Greek, and they also deserve my deepest gratitude for their assistance in bringing me together with another great admirer of Skiathos, the author Giorgos Valetas. I am especially grateful to Harry Papachristos, who translated the German texts into English. And I wish to thank Jan Hübel and Robert Stadler for including my book in the series published by the Griechenland Zeitung. I am also grateful to Harry Glytsis for the imaginative layout.

And to whom else could I dedicate this book but to my beloved wife!

Dieter Seidel

Dieter Seidel

Dr. Dieter Seidel wurde in Augsburg geboren. Schon in frühester Jugend zeigten sich bei ihm Anzeichen einer ausgeprägten Form von „Philhellenie". Er begeisterte sich für die Kultur der griechischen Antike in allen ihren Ausprägungen. Nach seiner Schul- und Studienzeit bereiste er Griechenland und besuchte die antiken Stätten. Er lernte die griechische Lebensart kennen, schätzen und lieben. Es war eine überaus glückliche Fügung des Schicksals, die ihm die Insel Skiathos zu seiner zweiten Heimat werden ließ. In seinem Gedichtband „Griechische Augenblicke", ebenfalls im Verlag der Griechenland Zeitung erschienen, gab er einen lyrischen und optischen Einblick in die Folgen dieser frühen Erfahrungen. Mit seinem Bildband „Kosmos Skiathos" bedankt er sich für diese Erfahrungen und macht seiner Lieblingsinsel Skiathos ein Kompliment.

Ο Ντίτερ Ζάιντελ γεννήθηκε στο Άουγκσμπουργκ. Ήδη σε πολύ νεαρή ηλικία φάνηκαν στον χαρακτήρα του τα στοιχεία αυτά που θα τον καθόριζαν ως «φιλέλληνα». Ο πολιτισμός της ελληνικής αρχαιότητας τον ενθουσίαζε σε όλες του τις εκφάνσεις. Με το τέλος της σχολικής και φοιτητικής του ζωής άρχισε να ταξιδεύει στην Ελλάδα και να επισκέπτεται τους αρχαίους τόπους. Γνώρισε τον ελληνικό τρόπο ζωής που εκτίμησε και αγάπησε απέραντα. Μια εξαιρετικά ευτυχής συγκυρία τον οδήγησε στη Σκιάθο που έγινε δεύτερη πατρίδα του. Στην ποιητική του συλλογή «Ελληνικές στιγμές», που και αυτή δημοσιεύτηκε στον εκδοτικό οίκο της Griechenland Zeitung, προσέδωσε μια λυρική και οπτική πτυχή στις επεκτάσεις αυτών των πρώιμων εμπειριών του. Με τον τόμο «Κόσμος Σκιάθος» δείχνει την ευγνωμοσύνη του για τις εμπειρίες αυτές και απευθύνει στο αγαπημένο του νησί, τη Σκιάθο, μια ειλικρινή φιλοφρόνηση.

Dr. Dieter Seidel was born in Augsburg. From a very early youth on, he showed distinctive signs of "Philhellenism" and was passionate about ancient Greek culture in all its forms. After school and university, he travelled across Greece and visited its ancient sites. He became acquainted with the Greek way of life and learned to appreciate and love it. Through an extremely fortunate stroke of fate, Skiathos became his second home. A lyrical and optical account of these early experiences, and their effect, is rendered in Seidel's poetry collection "Greek Moments", also published by the Griechenland Zeitung. The illustrated book "Cosmos Skiathos" expresses his gratitude for these experiences and is a compliment to his favorite island, Skiathos.

Hans Eideneier

Prof. Dr. Dr. h. c. Hans Eideneier. Geboren 1937 in Stuttgart. Ab 1974 Professor für Mittel- und Neugriechische Philologie an der Universität zu Köln und von 1994 bis 2002 für Byzantinistik und Neugriechische Philologie an der Universität Hamburg. Mehrfach Gastprofessor an den Universitäten Thessaloniki (Ehrendoktor), Kreta (Rethymno) und Nikosia. Zahlreiche wissenschaftliche Publikationen und literarische Übersetzungen.

Ο καθηγητής Δρ. Hans Eideneier γεννήθηκε το 1937 στη Στουτγάρδη. Από το 1974 ως το 1994 δίδαξε Μεσαιωνική και Νεοελληνική Φιλολογία στο Πανεπιστήμιο της Κολωνίας και από το 1994 ως στο 2002 Βυζαντινολογία και Νεοελληνική Φιλολογία στο Πανεπιστήμιο του Αμβούργου, καθώς επίσης ως επισκέπτης καθηγητής στα πανεπιστήμια της Θεσσαλονίκης (επίτιμος διδάκτορας), Κρήτης (Ρέθυμνο) και Λευκωσίας. Πολυάριθμες δημοσιεύσεις και μεταφράσεις ελληνικών λογοτεχνικών έργων.

Prof. Dr. Dr. h.c. Hans Eideneier was born in 1937 in Stuttgart. He has been professor for Medieval and Modern Greek Literature at the University of Cologne since 1974. From 1994 to 2002, he was professor for Byzantine Studies and Modern Greek Literature at the University of Hamburg. He was repeatedly visiting Professor at the universities of Thessaloniki (Honorary Doctor), Rethymno and Nicosia. He has authored several scientific publications and translations of literary works.

Niki Eideneier-Anastasiadi

Geboren 1940 in Kilkis. Philologin, seit Anfang der 60er Jahre in Deutschland lebend, als Verlegerin (Gründerin und Leiterin des Kölner Romiosini Verlags für zeitgenössische griechische Literatur in deutscher Sprache 1982-2014) und Übersetzerin tätig. Vorträge, Publikationen und Rundfunkbeiträge zu verschiedenen Themen des kulturellen Lebens in Griechenland und der Griechen in Deutschland.

Γεννήθηκε το 1940 στο Κιλκίς. Φιλόλογος. Ζει από το 1963 στη Γερμανία. Εργάσθηκε στο ραδιόφωνο και δίδαξε Νέα Ελληνικά και Λογοτεχνία στο Πανεπιστήμιο της Φρανκφούρτης. Το 1982 ίδρυσε και διηύθυνε ως στο 2014 τον εκδοτικό οίκο ΡΩΜΙΟΣΥΝΗ. Μεταφράζει σύγχρονη ελληνική λογοτεχνία στα γερμανικά και αντίστροφα.

Niki Eideneier-Anastasiadi was born in Kilkis in 1940. A philologist, she has been living since the early 1960s in Germany, where she has worked as a publisher and translator. She was founder and director of Romiosini, a Cologne-based publishing house for modern Greek literature in the German and Greek language (1982-2014). She has made speeches and authored several publications and radio programmes on various issues about the cultural life in Greece and of Greeks in Germany.

Harry Papachristou

Harry Papachristou wurde im Jahr 1971 in Thessaloniki geboren. Er hat einen Großteil seiner Kindheit in München verbracht und dort später Politik und Kommunikationswissenschaften studiert. Seit 2001 lebt er in Athen und arbeitet als Journalist für große fremdsprachige Medien. Auch hat er Bücher über Griechenland im Zweiten Weltkrieg, den Bürgerkrieg und die moderne Geschichte Zyperns übersetzt und editiert.

Ο Χάρης Παπαχρήστου γεννήθηκε το 1971 στη Θεσσαλονίκη. Ένα μεγάλο μέρος των παιδικών του χρόνων τα πέρασε στο Μόναχο οπού και σπούδασε πολιτικές και επικοινωνιακές επιστήμες. Από το 2001 ζει και εργάζεται ως δημοσιογράφος στην Αθήνα για μεγάλα ξενόγλωσσα ΜΜΕ. Έχει μεταφράσει βιβλία για την Ελλάδα στο Δεύτερο Παγκόσμιο Πόλεμο, τον εμφύλιο και την σύγχρονη κυπριακή ιστορία.

Harry Papachristou was born in 1971 in Thessaloniki. He spent much of his childhood in Munich and later studied Politics and Communication Sciences there. Since 2001, he has been living in Athens, working as a reporter for big foreign-language media. He has also translated and edited books on Greece in the Second World War, the Civil War and modern Cypriot history.